JN411274

슬픈 근대

거미동인 제3집

슬픈 근대

2011년 11월 21일 초판 1쇄 발행

지은이 신효석 외
펴낸이 윤영진
편 집 함순례
디자인 한천규 이경훈
펴낸곳 도서출판 심지
등록 제 253호
주소 300 -170 대전광역시 동구 삼성동 125-2 4층
전화 042 635 9942
팩스 042 635 9941
전자우편 simji42@hanmail.net

ISBN 978-89- 6627-015-6 03810

슬픈 근대

거미(巨微)동인 제3집

심지

▫ 여는 글

'시詩도 콘텐츠인가?' 뜬금없이 왜 이런 생각이 떠올랐을까? 먼저, 콘텐츠라는 말의 사전적 정의: 전기통신망에 존재하는 문자, 부호, 음성, 음향, 이미지 등, 디지털 방식으로 제작되어 처리, 유통되는 정보. 그러니까 디지털로 오가는 모든 내용물. 이 줄거리를 따르자면 시도 당연히 콘텐츠이다. 인터넷에 여기저기에 오롯이 자리 잡고 있는 많은 시들이 시를 콘텐츠라는 범주 안에 포옹해주고 있다. 이쯤 되면 좀 덜 외롭다.

콘텐츠라는 시대의 트렌드에 살짝 발 담금으로, 위태로울지언정 시 또한 시대의 변화 안에 살아있다는 자위, 그러나 처량하다. 시와 콘텐츠라는 단어를 동시에 떠올린다는 자체가 '나는 커서 반드시 정윤희와 결혼하고 말거야!' 라는 어린 시절의 나, 또 다른 나(?)들이 가졌던 몽환? 꿈 깨! 정말? **영환이 형!** 꿈 깰 필요 없는 세상은 진정 세상에 없나요? 형은 정윤희 좋아하지 않았나요? 이번부터 동인 같이 하기로 했으니까, 제발 답 좀 주세요.

그러나 현실에서 유통되는 콘텐츠라는 말에는 좀 다른 냄새가 난다. 자본화 될 수 있는 원자재(그냥 내가 내린 정의), 가공하면 돈이 될 수 있는 문화 근처에서 주운 어떤 덩어리. 나만 가진 느낌인가? 싸모님, 아니 **영여 씨!** 나만 그렇게 생각하나요? 자기는 거기, 재주없다 생각하면서 나보고만 자꾸 자본 근처로 가는 길을 알아보라고 다그치는 두 얼굴의 싸모님! 그러나 유장하고 구구절절 구성진 영여 씨는, 그나저나 시는 진정 콘텐츠가 될 가능성이 있다고 보나요?

콘텐츠라는 구단에 스스로 연봉 없이 영입되어 조금이라도 덜 외롭다고 만족하면 시는 앞으로 잘 살 수 있을까? 그러고도 시는 잘 버틸까? 아니 그것도 시인가? 중저음의 목소리와 중저음의 체격으로 든든하게 뒤에 서 있는 **효석 형!** "앞으로 2년 동안 모든 부동산은 부인 이름으로!(뭐라도 있었으면!)" 이런 얘기 대신, 그 서늘하게 내려보는 눈 맵시로 시의 미래를 점쳐 주심이.

상황이 이렇다면 시는 콘텐츠라는 클럽의 입구에서 쓸쓸히 돌아서야 하는 구부정한 노구(老軀)에서 벗어날 수 없다. 시가 어느 시절엔들 돈이 되었으며 앞으로도 단 0.1%라도 돈이 될 수 있는 가능성은 있는가? 외견상(그 속은 나도, 누구도 모른다. 이것이 동준형의 거대한 장점이자……) 건실한 중견 직장인으로 자리 잡은 **동준 형!** 시와 돈을 접붙일 수 있는 방법을 혹시 아시나요?

돈도 안 되는 이 짓을 우리는, 알게 모르게 또 많은 사람들이 왜 아직도 붙들고 있는지, 그 이유는 소주 한잔만 마셔도 머릿속에 딱따구리 내리는 **용욱 형**이 술자리마다 꾸벅꾸벅 졸면서도 새벽까지 버티는 이유와 함께 우리 사회가 자랑하는 2대 불가사의이다.

몇 가지 추리는 가능하다. 시는 거기에 한번 발 담근 사람에게는 마치 지워버릴 수 없는 본능처럼 무의식에 깊이 각인되는 것일지도 모른다. 그렇다면 이것은 형벌이다. 돈과는 멀고 사회에서 인정받는 방법 또한 묘연한 시가 밤마다 꿈에 나타나 나를 괴롭히는 첫사랑의 귀신이라면, 20년 만에 불쑥 우리 앞에 다시 나타난 **화숙 씨**, 그러나 시를 놓지 않고 있던 화숙 씨에게 시는 정말 형벌이었나요? 내 부푼 몸(20년이잖아!)에 대한 관심과 놀림 대신 이것이 형벌인지에 대해 답해주세요.

다른 가능성도 있다. 시가 시를 쓰는 이에게 정신의 피난처로 작동하는 기제이다. 모든 현실은 시로 변할 수 있는 가능태이지만 그러나 모든 현실은 폭압이다. 생존에 대한 폭압과 시의 가능태라는 두 얼굴을 가진 현실은 시 쓰는 사람을 둘의 접경 어디쯤에 올려놓고 방황하는 모습을 지켜본다. 위안으로 다가가면 폭압은 더 강해지고 현실만을 마주 보면 시는 변질된다. 머언 자본의 뒤안길로 돌아다니는 뚝심의 **광배 형**에게 이 문제에 대해 묻고 싶지만, 거리는 멀고 시간은 팍팍하다. 여하간 나를 미워 마세요, 광배 형.

내 상처를 드러냄으로, 그것도 미학적으로 드러냄으로 누군가 소금 뿌려진 내 상처와 함께 아파할 수 있을까? 상처도 아름다울 수 있다는 가능성을 보임으로 누군가는 나를 아파하고 그러므로 아픔도 변화가 가능한가? 어떤 이는 그래서 시를 쓰고 있을지도 모를 일이다. 어떤가요? **민호 형!** 이런 미학적 엄살로 시를 쓰는 사람들도 있겠지요? 오랜 시간 시와 공부로 고생하는 형은 아마 시의 이유에 대해 단칼의 답변을 알고 있을 거라 믿습니다.

그러면 이제 시는 발 벗고 나서 자본과 화해해야 할까? 그러면 그는 받아줄까? 저 팔뚝 굵은 자본의 눈길을 받을 방법은 있을까? 잘생긴 드라마 주인공의 소품으로 지나가듯 노출된 시집 한 권은, 몇 십 년간 시에 매진한 시인이 평생 독자를 만난 횟수를 단숨에 넘어선다. 이것이 화해의 방법인가? 비록 문학책은 아니었지만 많은 책을 만든 **남기 씨,** 정말 이런 방법이 시와 자본의 화해일까요? 혹시 시가 자본에 종속되면서 훌륭하게 멸종하는 성공사례는 아닐까요? 늦깎이 연애의 달콤함은 미루어 짐작이 가지만 예전의 그 날 선 까칠함마저 감춘다면 시는 뭐라 타박 않겠지만(?) 혹, 한 남성의 미래에 묵직한 회한을 예약하는 몰윤리는 아닐까요(아님 말고)?

사실 시의 본성은 자폐이다. 사회나 타인의 아픔을 잡아 녹여놓았더라도, 그래서 한편의 시가 여러 가지를 성분으로 완성되었을지언정, 스스로 눈 뜬 시는 자신만을 아파한다. 비약하자면 하나의 생명이기 때문에 그럴 수 있다. 그렇죠? **양선 씨!** 그 뼈 쑤시는 아픔들은 아직도 해결될 리가 없지요?

아마도 그 아픔을 핑계로 자신이 누나라고 우겼고 또 그 아픔이 진실 앞에 선 지금 나를 **'오빠'** 라고 부를 여유도 생겼죠?

여기까지 왔어도 답은 없다. 우리는 왜, 시를 쓰고, 쓰려하고, 잊지 못하고, 누구는 잊으려 노력하는지. 아무도 답 주지 않는 이 물음에 왜 자꾸 신경이 쓰이는지, 그렇다면 시는 자신이 하나의 허상이라고 자백하는 형국은 아닌지. 아마도 **민식 형**은 미리 알았을지 모른다. 어려워도 따듯해도 호방하게 킬킬 웃을 줄 알았으니, 혼자 막걸리 한 통에 동트는 아침을 녹일 줄 알았으니, 그래서 국수 한 그릇 말아먹으며 바닥만 보지 않았으니.

이번이 세 번째이다. 시를 모으는 일도 그렇지만 그 과정에서 서로의 차이를 확인하고 또 근본적으로 어디가 닮아있는지 몸으로 확인하는 일이 그렇다. 조용히, 시끄럽게 그렇다.

차례

김영환

김남기

신효석

임동준

이화숙

박광배

김민식

조영여

1971년 전남 담양 대숲 아래 태어났다.

gamunbi01@hanmail.net

온전한 하나를 이루고 싶으나,
그러하지 못한 건 아직 그 가시가
가슴 언저리 남아 있는 탓일까?

피어라 꽃이여

미친년
미치려거든 곱게 미쳐라

곱게 미칠 수 없어 가둬버린 너

엄마 저도 꽃 피워보고 싶어요

세상에 너와 같은 꽃 있더냐
제발 얌전히 있거라

겨울 무너져 가는 길 끝에서
나는 보았지
내 빛나는 흐느적거림과
알 길 없는 울분이 어디로부터 오는지

사랑해야만 비로소 꽃 필 수 있거늘

아아 어머니

미치는 것이 어찌 고울까요
고운 것이 어찌 미칠까요

꽃 핀 순간만을 기억하고
꽃 핀 모양만을 흉내내며

지지 않고 뿌리 묻지 않고
어찌 제 빛깔의 꽃을 피울 수 있나요?

오늘은 내 안에 버렸던 것들을 불러
미안하다고 말하마 사랑한다고 말하마
세상의 손가락질이 두려워 너를 가둔 세월이여

피어라 꽃이여,
너 이제 어둠 속 빛이 되어라

앨리스야 앨리스야

앨리스야 앨리스야
나와 함께 가지 않을래?

3월의 토끼가 널 기다리고 있단다
슬픈 모자장수가 널 기다리고 있단다

너의 정원은 아름답지만 아프고
토끼 굴은 어둡지만 환하구나

앨리스야 앨리스야
그곳에 함께 가지 않을래?

넌 예의를 말하지만 예의의 심장을 모르고
넌 기쁨을 말하지만 기쁨의 배후를 모르지

이젠 머리카락을 잘라야 할 때가 온 것 같구나

바른 말만 하는 네 입술엔 은유의 심장을 달자

옳은 것만 찾는 내 머리엔 역설의 배후를 심자

앨리스야 앨리스야
나와 함께 가지 않을래?

커지려 하면 작아지고 작아지면 커지는구나
채우려 하면 비워지고 비우면 채워지는구나

빨간약은 위험하고 파란약은 안전하지
파란약은 위험하고 빨간약은 안전하지

하나는 진실이고 둘은 거짓이란다
둘은 하나를 먹고 하나는 다시
둘이란다 셋 다섯 지나 스물이란다
도도히 흐르는 저 강물이란다
마침내 흐르는 저 강물이란다

앨리스야 앨리스야
그곳에 함께 가지 않을래?

3월의 토끼가 널 기다리고 있단다
슬픈 모자장수가 널 기다리고 있단다

들풀이 들풀에게

들풀이 들풀인 줄 모르고
들풀이 들풀을 촌스럽다 하고
들풀이 들풀을 모자라다 하고

들풀이 들풀인 줄 모르고
들풀이 들풀을 가엾다 하고
들풀이 들풀을 위해 산다 하고

저는 들풀이 아니라 하고
저는 들풀일 수 없다 하고
장미라 하고 백합이라 하고
늘 저 아닌 다른 무엇이라 하고

들풀이 들풀로 당당하고
들풀이 들풀로 신명나고
들풀이 들풀이어서 아름다운 걸

들풀은 못 보고

들풀은 제 눈을 가리고

들풀은 모르고
오래도록 모르고

마흔 아리랑

가끔
지친다고 말했고
그 말 속에서 잠시
휴식을 취할 때가 있었어.
나른한 오후 햇살에 스르르
그렇게 쉬고 나면 힘을 얻기도 했지

노래를 동경했어
노래에 취해 예까지 왔다고
노래하고 싶어 견디노라고

서러워 서른이었을까
노래를 따라갔지만 노래가 되지 못했지
온몸으로 노래에 속았다고
노래는 사기라고
노래를 저주했어

거죽만 남은 알몸으로

목욕탕 후미진 곳에 앉아
이곳은 내게 어울리지 않아
나의 노래는 여기서 끝이라고

부옇게 서린 안개 속에서
그늘은 흔적을 남겼을까

갚을 힘이 없어 세상의 친절이 두려운 내게
등을 밀어주마 멀리서 다가오신 노인
마음으로 해주신 한 말씀

등에 사마귀 큰 걸 보니
스스로 진 짐이 너무 크구먼

그 분은 아시겠지
세상의 인정을 구걸하며
제힘에 겨운 짐 지고 우물 속 기던 달팽이
두레박으로 끌어올려 물 속 제 모습 비추게 한
인생을 펴 올린 보시란 걸

사는 곳 어딘들 아리랑 아라리 아닐까
고개고개 구비구비 넘느라

이 눈물 저 눈물 비가 되고
쌓이고 쌓여 돌이 되고 바위 되는 게지
그래도 비 그치면 꽃피고 무지개 뜬 날 있어
그 환한 빛에 그래 이승이더라
살다 보면 아리랑 고개에서도
니나노 노랫가락 흘러나오고
노랫가락에 몸 실어 아리랑 아라리
파도 타듯 구비구비 흘러가더라

나 이제 노래가 되었고
아리랑 아라리 노래를 부른다네
아리랑 아라리 마흔 고개에
노랫가락에 몸 실어
아리랑 아라리 파도를 탄다네

- 그 날 제게 등을 밀어주시던 그 노인께 이 글을 바칩니다.

꿈

세월이 흐르면
거기
화전민처럼 떠도는 우리를 만날지 몰라

오직
땅과 하늘에 기대어 순응하는 우리

우리가 버렸던 시간으로
돌아가리라
돌아가리라 바라노니

언젠간
닿을 날이 오리라
우리가 믿었던 바벨의 신화

몇 계단 오르면 이를 수 있을까
너 위에 나 나 위에 너
한때는 환희에 젖어 한때는 비탄에 젖어

오르려 했던 그 눈부신 꼭대기

이건 우리의 운명이야
뱀이 건네준 사과를 받아든 날부터
뚜껑을 열어버린 판도라의 상자를
다시 닫을 수는 없는 일이라고
돌아갈 길은 없는 거라고

아편 같은 긍정의 힘은
바벨의 신화만을 향해 열리고
더 이상 우리의 근원을 꿈꾸지 않는다 해도

나 이제
내가 버렸던 시간으로
돌아가리라
돌아가리라 바라노니

죽은 나무에도 꽃은 피더라
죽어야만 피어나더라

이민호

1994년 〈문화일보〉 신춘문예로 등단, 시집 『참빗 하나』, 『피의 고현학』,
현재 리얼리스트100 회원, 반년간 『리얼리스트』 편집위원.
mhdamiano@hanmail.net

내 왼편에 남은 詩를 두고 싶다. 아직 많이 비어 있어
무거운 오른쪽으로 기우뚱거리며 지금은 아름답지 못하다.

페이스메이커

완주할 생각은 말아야 한다 승전보를 품고 허겁지겁 달려가 쓰러져 죽을 영광은 없다 적당한 거리를 두고 사라지는 풍경처럼 계시를 이루기 위해 죄를 지은 종교처럼 지하갱도로 끌려간 카나리아처럼 잠수함과 함께 수장되었던 토끼처럼 흙탕물에 쿨럭이는 마중물

오브제여! 이제 그만

35킬로미터 지점에서 마르셀 뒤샹의 샘물로 목을 축이자

* '샘' - 마르셀 뒤샹의 1917년 작품. 그해 러시아에서 혁명이 있었다.

흙다짐

깨우지 않아도 발딱 일어나 웃기부터 하는 어린 자식들 눈에 낀 곱을 떼 주며 앞으로 살며 흘릴 눈물의 곱도 함께 슬쩍 떼 낸다

가슴으로 가져다 붙이는

너무 오래 참으며 다지고 다진 탓에 빗물도 눈물도 그냥 몸을 따라 흘러내린다 바람에 실려 온 홀씨 하나도 안고 틔울 수 없는 이 단단함

썩어서 신열이 오르면 한 아름 안고서 그만 누워 있자고 한다

키스 앤 세이 굿 바이

서울역 대합실 한켠
쥐며느리
여자는 늘 동그랗게 몸을 말고 있다
첫 만월 다음
일요일 아침
비둘기 떼 수북이 앙가슴 깃털에 부리 씻고
여자의 깨진 발톱 발가락 아홉 개
모두 공손히 입 맞춘다

생전에 연민의 황달을 앓아 온 몸이 황금빛이다
알코올 솜으로 콧구멍을 막고 입을 벌리자 작은 동굴에
서
한 떼 나비들이 몰려나왔다
수고로웠던 파닥거림이다
향유인듯 물을 뿌려 단정히 머리 빗질하여도
애틋함 하나 달라붙지 않는다
수의를 입힐 때도
발톱과 손톱을 깎고 머리카락을 담아 몸에 끼워 넣을 때

까지도

발 동동 함께 가자 꺼이꺼이 마른 울음 곁에 없이

스물한 차례나 매듭 묶은 사연을

마음대로 처분하였다

슬픈 근대近代

그 사람이 문을 열고 나간 것 같다 얼어붙은 강을 건너는 발자국 소리가 또닥또닥 뒤 돌아앉아 있는 나의 뒤란 구석구석을 붉게 물들이다 어느 순간, 지난밤 내린 눈 무게를 이기지 못한 소나무 가지가 부러졌다 딱 하고 내 숨도 끊어졌다 그의 발자국 소리도 그 후 강물이 풀리고 부러진 가지 위로 새순이 돋는다 해도 나는 내일의 나를 알지 못 한다

이후
별리別離 없는 야만의 나날이 혐오스럽다

위험한 트랙

그날은 비가 억수같이 쏟아진 날이었다 아냐 불타오르던 건물 위로 물 폭탄이 떨어지던 날이었어 나도 모르게 스타트를 끊었지 한 때 단거리 육상선수였거든 기억이 습성을 이겼던 소중한 날이야

그런데 위험해 위험해 위험해 고래고래 소리 질러도 꿈결처럼 뻐끔거리는 비명 사이로 추락하는 불덩이들. 돌고 돌아 제자리로 돌아와 있는 이 사태 앞에 숨을 거두고 말았던 힘겨운 레이스

속도를 내라 벗어나려면 죽을 힘을 다해 튕겨 나와라 뼈아픈 기억 하나가 따라 붙었다

김
영
환

1958년 경기도 광주군 중부면 단대2리에서 태어났다.

지금은 성남이라고 한다.

somang45@naver.com

나는 아직 세상에 없다.
없는 나를 찾아가는 여정, 그래서 나는 시를 쓴다.

초생달

잘 씌어지지 않는
시를 붙들고
잠 못 드는 밤
인기척인가
새벽 창을 가만히 두드리는
소리가 있다
담배 들고 얼른 나갔더니
짐짓 모른 척 물러서는
초생달

그래, 너도 잘 씌어지지 않는 시가 있었구나
마저 닦아야 할 검은 세월이 남아 있었구나

푸른 모과

그 병원 장례식장 입구에는 홀로 문상 온 사람들처럼 모과나무 몇 그루가 어색하게 서성인다.

잎사귀 풀어 반쯤 몸 가리고 조의를 표하듯 일렬횡대로 서서
바람과 햇빛, 비와 천둥, 어쩌면 서러움과 용서까지도 꽉 움켜쥔
주먹 같은 맨얼굴의 푸른 모과를 키운다.

모과나무 줄기를 길게 늘이며 휠체어를 타고 온 늙은 석양이
장례식장 냉동고에 들어가 딱딱하게 누울 때

비로소 한 생애를 잘 버무리고 골고루 잘 섞어서
마침 맞게 잘 익어서
모과 향기 가득 찬 세상 품을 수 있다면

아직은 푸른 피 가득 담긴 몸이다.

눈물나무

천둥소리에 몸 맡기고
우는 사람이 있다
정전된 암흑의 밤,
사산死産한 꿈을 떠메고 길을 나서는
검은 눈물이 있다
번개가 저 거대한 교회의 붉은 첨탑을 내려칠 때
골방 속에서 무릎 꿇은 믿음이
눈물을 덥히는가
다시 비와 바람의 조율되지 않은 합창이 들이친다
천둥 징이 울린다
이 거친 폭풍우 앞에서 꺾이지 않으려고
사산한 꿈을 밑둥치에 묻고
창밖에 나무가 서 있다
거센 물살에 패인 상처 겹겹이 두르고
끝내 일어서고야 마는
내 안에 한 그루 눈물나무가 있다
천둥소리와 더불어 눈물나무가 일어선다

산에 가면

산에 가면
보인다, 무지無知의 지知
지상에서 이름 없는 나무가 없고
풀이 없는데
소나무 참나무 오리나무 옻나무………
속에 소리 천천히 웅얼거려도
나무 이름 열을 넘지 못하고
돌무더기 곁을 지키는
개억새 고개 끄덕이며 조는데
풀 이름은 통 모르겠다
산을 오르는 일은
헐떡,
헐떡이면서 붉어진 얼굴로
우리들의 무관심을
확인하는 것인지도 몰라

이름을 안다는 것은
사이가 된다는 것

낡은 나를 버리고
낯선 너와 섞이는 것
나무와 풀과 나 사이에
경계를 허물어
울음이든지 웃음이든지
서로 던지며 받는 것
상처를 서로 핥는 것
산에 가면
다 보인다, 지知의 무지無知

색계色界

음, 상당히 자본적이군. 저 여자 다리 좀 봐, 근사하지. 눈부시잖아. 여덟 시간 이상 서 있는 다리는 아니지. 편견인가. 광고를 너무 많이 봤나. 아파트 광고에 등장하는 백색 드레스의 여자를 봐. 입주자에게 덤으로 주는 것은 아닐테고. 갖고 싶게 하는 욕망의 간지럼 같은 거. 내가 지금 집착하는 저 여자의 다리와 같은 맥락? 욕망을 인간의 본질로 본 스피노자가 옳지. 똑똑한 놈은 욕망을 정서와 결합시키지만 나처럼 찌질한 놈은 정념과 섞어서 저 여자에게 스며들고 싶은거. 죄일까? 죄라면 황홀한 죄, 온몸을 쏟아버리고 싶은 죄, 짓고 싶지. 하지만 죄의 경계를 넘기에는 나의 주머니는 턱없이 얇지. 청약저축을 아무리 착하게 십 년을 넣어도 나는 결코 저 여자의 강에 빠질 수 없어. 익사를 면하는 구원에 만족하기에는 내 욕망은 크고 단단해. 솔직히 흔들리면서 부서지면서 갈 데까지 가보고 싶은 거. 그게 문제지.

평소에는 극도로 확신에 차 있고 거만하며 교만한 그를, 두려움과 희망 사이에서 흔드는 것은 아주 조그만 자극이다.*

음, 나는 상당히 타산적이군.

* 스피노자의 『신학 정치학』 중에서

늦은 시월

늦은 시월 오후 두 시쯤, 민방공훈련 사이렌 소리에 인적이 딱 끊긴 보도, 딱딱하고 차거운 저 대리석 바닥 위에 떨어진 플라타너스 잎을 밥상만 한 크기의 햇빛덩어리가 감싸고 있다. 얼핏 보면 무수한 빛의 알갱이들이 수런대며 둘러앉아 늦은 점심을 먹는 것 같기도 하고, 꼭 궁핍한 막내딸이 차린 제사상 같기도 하다.

……

삶은 비보호좌회전 신호등 앞에서 점멸중이다.

김
남
기

1966년 부산에서 태어나 서른 즈음부터 서울을 기반으로 생활했다.

analogin@hanmail.net

시는 알라딘의 요술램프라 여겼던 어린 시절이 있었다.
시를 멀리하다 보니 나이가 들어도 아이는 자라지 않았다.
조그만 여자아이가 잘 살았으면 좋겠다.

노래

그대
이 빗소리가 들리나요
하늘, 하늘, 하늘가에 해는 잠기고
타박, 타박, 탁, 탁, 비가 서는데요
유랑걸식하는 사람 하나
아닌 처마 밑에 기대 우는 소리
들리나요
울다, 울다, 부르는 노래가
하늘 구름에 실리는 게
보이나요
주룩, 주룩, 흐르는 비에 노래를 넣어
가는 발걸음 소리를 듣고 있나요
살아있어요
그대

돌을 차고 다니던 아이

돌을 차고 다니는 아이 살았습니다 아이는 돌 한번 툭 차고 하늘 한번 보고 돌 한번 툭 차고 하늘 한번 보고 고개를 숙이다가 돌이 굴러가는…… 굴러가다 새가 새집에 기어들듯 돌이 들어앉는 풀숲 한번 보고 그렇게 길을 다녔습니다

돌이 어쩌다가 개울로 굴러가면 아이의 낭패한 표정 안타까운 눈빛 그제야 마치 세상이 있었고 살고 있다는 걸 깨달은 초조한 발굴림…… 손으로 꺼낼까 발로 꺼낼까…… 하늘 보고 돌 보고 하늘 보고 돌 보고… 돌 보고…… 돌 보다가……… 온몸이 흠뻑 젖고 때론 멍이 들어도 기어코 발로 돌을 꺼냈던 아이가 있었습니다

먼먼 산속 깊어서 아무도 그 아이를 못 보았습니다

나비의 꿈

1

일찍이 상처한 걸사가 그 걸사 부인이 살았을 적 그 부인 때로 흐트러지는 걸사를 호되게 나무라 부인을 무척이나 무서워했는데 그러면서 끔찍이 사랑하여 걸사 거리를 돌아다니며 하는 말이나 행동이 거리의 사람들이 칭송하고 때론 앵겨붙는 그런 것들이 부인 있어 더 힘나고 그랬는데 그 걸사 요즘 와서 아파서 그랬겠지만서도 말이 새고 사람들이 무섭지 아니하고 그랬더라

이 날도 집이나 나무나 돌멩이나 사람들을 대하기가 밍숭맹숭이가 되어 한마디로 거드름을 피웠는데 이이들이 점점 더 낮아지고 걸사의 몸은 점점 더 높아져 걸사, 내가 비행하나 내가 저 나비가 되었나 그랬는데 그러다가 잠이 들었는데 어느 결에 부인이 옆에 있어 놀랐더라 한데 그 부인 슬며시 장지문을 빠져나가는 것이 아닌가

2

이보오 도망가지 마오 나 자는 틈에 얼른 왔으면 말이라

도 붙이지 어째 그런 슬픈 눈을 하고 나 뭔가 잘못했으면 야단이라도 치지 그렇게 멍하니 보고만 있다 가오 당신은 몸만 있고 마음은 없는지 날랑 딴 세상에 사는 사람 같소 내 겨우 정신을 수습하여 당신 잡으려 하니 당신은 몸은 없고 마음만 남겨두고 휑하니 가시오 바람도 불지 않는데 당신 몸은 바람처럼 휩쓸리오 이보오 도망가지 마오

여기가 어디오 당신은 이런 숲 속 깊은 곳 사람이 살지 못할 것 같은 풀잎이 이슬을 먹고 자란다는 애먼 곳에 계시오 왜 또 지친, 나를 바라보기만 하시오 그래 나는 지쳤더랬소 바람이 불어도 안 넘어지려고 했지만 바람 따라 흐르지도 못했더랬소 그렇더라도 당신은, 너무하오 잠결에 예까지 데려왔으면…… 미안하오 지쳤더랬소 그래도 미안하오

그러니까 인제 알겠소 당신 나 데리러 왔구먼 그랬구먼 그랬구먼…… 그럼 나 이제 좀 쉴라오 밤새 이슬이 참 많이도 맺혔소 당신 거기 있지 말고 이리로 좀 오시오…… 왜 그러고만 있소 나 답답하오…… 나 화내오…… 미안하오…… 지치기도 했지만 나 도망도 가고 싶었소 당신 없는 세상 혼자 지고 갈 짐이 꽤나 무거웠던가 보오 그도 몰랐지만 이제야 정신이 드는가 보오 그랬구먼 그랬던 거구먼

이슬이 차갑소 인제 당신도 좀 웃는구려 여전히 당신은, 이쁘구려…… 고맙소…… 당신은 또 마음만 두고 가겠구려…… 그려…… 이보오…… 그려…… 그, 런, 데, 나, 이제 당신이랑 함께하고 싶구먼 당신일랑 몸을 입든지 날랑 몸을 비우고 당신이랑 함께하고 싶구먼 이보오 어쩌면 좋겠소

3

그 걸사를 두고 그 부인 잔잔한 미소를 짓더니 혼자 길을 가더라

봄비

오메 날이 개였구만이라 나, 비가 오니까 그 비가 창을 두드리면서도 안에 들어오지는 못하고 있으니께 꼭 비가 내 같으면서로 내를 보는 것맹키로 싫다가도 마음이 안됐고 그러다가 내 같은 이 세상에 또 있구나 싶어 창을 열어 그 비 보고 있었는디 해가 떴구만이라 우리 둘 다 갈 곳 몰라 우리 둘 다 위로가 되었던도 싶었는디 세간 말맹키로 그대로 시간이 멈췄으면 싶었는디 그러는 동안 비는 지대로 생명을 길러 땅으로 들어간 모양이구만이라 풀에 물이 오르는 걸 보니 먼저 간 그이 참 못됐다 싶어도 참말로 미워하덜 못하겠고 중천에 난 어디로 가야 된댜 된댜 그러면서 그 풀을 보고 있자니 금세 쑥 자랐으면서도 어쩐지 시들시들해 가는 거라 하여 나 보고 있자니 어느새 해는 어디로 쏙 빠지고 벌겋게 달구어진 노을이 구름에 지지직 열을 식히고 있는 기, 내 참, 그려 물뿌리개에 물을 담아와 풀에 얹어주었구만이라 그 참에 나 한 일은 그뿐이었으라

할머니와 귀신과 엄마

울 엄마
마음속에는
할머니가 살고

아들도 못 낳는 여자라고
구박하며 살고

울 엄마
머리맡에는
하얀 머리카락 귀신이 살고

엄마 죽으면 데리고 갈 귀신이
머리를 빗으며 살고

할머니와 귀신은
한숨을 쉬며 살고

푹푹거리며 잘도 살고

신효석

1956년 경북 청송에서 태어났다. 1992년 《자유문학》에 시 〈이별 없는 노래〉 등을 발표하며 작품 활동을 시작했다. 신두석을 필명으로 사용한 적이 있다.
poetsds@hanmail.net

어젯밤
張維(1587~1638)의 시를 읽다
개구리 울음소리에
깨어났다
가을 늦은 밤
나는 한 시인의 손가락 끝에 걸린
달을 보았다

이 조그만 모기도 나와 부딪히면

내 몸이 이렇듯
상처인데,

그대와 나
어느 별에선가
가끔은 번개가 되어
꽃향기를
흩날리던 여름밤,

모깃불 연기에
젖은
천공 어둔 별 하나는
지상을
기웃거리다

모기 상처
흐드러진
한 세상의 풍경 속으로

갓 난 얼굴을 내민다

별 하나의 슬픈
엉덩이에도
영롱한 모기 상처
반짝거린다

생선 종이

향
싸던
종이는
향내가 나고
생선 싼 종이는 생선비린내 난다고,
하더라도
때론
생선비린내 종이를
맑은 강에
종일
띄우고 싶습니다
맑은 물
머금은 종이에
석양도
잠시 머물면 좋겠습니다

문득

창을 열고 금강초롱 꽃 소매에
눈을 맞춘다
잘 잤니
맑고 밝게 흔들리는 우주 알갱이
바람은 또 어떻고
아득하고 조그만 숨 하나
저 꽃 한 송이 송이에
혼신의 종을 울리니
숲들도 푸르다 말고 그 청아한 음향을
그저 좋다, 참 좋다고 연신
흔들며 웃는다
나도 흔들리며
또 한 세상의 비밀을
살짝 들쳐보고 싶다
문득,

가을 저녁놀

매미 소리 잦아들고
잠자리
날갯짓에
타오르는
가을 저녁놀

처럼

청람색
하늘에 떠오르는
맑은 별들은
지상의
가을 저녁놀

깊은

심연의 바다에 떠 있다
누구신가

당신은

슬쩍

정지된 가을 저녁놀 바다에서
인화되는
당신은

임
동
준

대한민국 임금노동자, 故임한규 故정지순의 7남매 중 막내아들,
그리고 김수진의 남편이며 솔빈, 수오의 아버지.
comwork114@hanmail.net

시인은 시를 쓸 때만 시인이다
고로 지금 나는 시인이 아니다

하이힐

뿌리를 내리기 위하여
하이힐을 신고
마라톤을 시작하는
스무 살의 여자

새벽 얼굴에 화장을 하고
일용할 양식을 위해 모이만큼의 음식을 먹으며
오늘도 달린다.

바늘

아버지는 이 집을 어떻게 장만했나요
이 집은 네 엄마와 내가 바늘로 지었다.

어머니는 우리들을 무엇으로 키웠나요
네 아비와 내가 바늘로 키웠다

아버지 어머니 죄송합니다
저도
어버지와 어머니를 바늘로 모셔야 될 것 같습니다

가난한 경제학

가난은 동족상잔이다
사진처럼 현장은 증명한다
아버지 제삿날 형제들이 모여
평화와 화목을 기원하지만
끝내, 서로에게 칼을 겨눈다
분노와 저주가 현실이 된다
다음날 형제들은 각각의 위치로 달려간다

구타치료비 35만 원
생활용품 파손비 67만 원
의류구입비 25만 원
형제들은 카드사에 전화한다.

나의 옛날이야기

내 나이 예닐곱 살 때
시골집 마당 끝자리
똘감나무 그늘 아래 오래된 평상 있었습니다.
할머니도 어머니도, 나도 맛있는 낮잠을 즐기던,
할머니 코고는 소리는 돌아가신 할아버지 부르는 소리였습니다
그러면 신기하게도 할아버지가 꿈속에 오시는지
이놈의 영감탱이 하다가, 슬피 우시다가 그만 할머니는 낮잠을 깹니다
그런 날은 할머니 기운이 없는지 어머니 부르는 소리가 염소 소리 같습니다

나는 엿장수가 오거나 아이스께끼 장사가 오면 막 울어 제낍니다
하지만 어머니는 한 번도 그것들을 사준 적이 없습니다
그 대신 콩가루에 밥을 비벼주시며 다음에 꼭 사준다 하십니다
나는 콩가루 비빔밥에 우물물 한 그릇을 벌컥거리고

평상에서 엿과 아이스께끼 먹는 상상을 하며 낮잠을 잡니다

동네에서 아낙덩치로는 제일 큰 엄마의 코고는 소리는 천둥소리 같습니다
아버지는 그 소리를 벌안 밖에서 쟁기질하면서 들었다며 웃으시지만
그것은 거짓말입니다
평상에서 고단하게 단잠을 주무시는 어머니를
매미들이 소리 내어 울어줍니다 마치 신데렐라를 도와주듯이
그래서 아무도 어머니의 낮잠을 아는 사람이 없습니다
매미들은 그렇게 어머니의 단잠을 도와주고 떠나갑니다

지금은 평상도 없고
할머니 어머니 아버지 아무도 없습니다.
똘감나무만 햇살과 바람에 흔들립니다.

올가미

여보 식사해요
당신이 좋아하는 청국장과 조기예요
천사 같은 아내가 남편을 깨운다
부산한 아침 합정동 374-1번지는 행복이 흐른다
아빠 사랑해요 아들과 딸이 현관문까지 나와 인사하는 소리 경쾌하다

안녕하세요, 팀장님!
제가 실수로 일을 이렇게 만들었네요
팀장님이 해결해 주셔야 될 것 같아요

최 팀장 수고했어 A프로젝트는 당신 작품이야
나는 당신이 꼭 해낼 줄 알았어,
이 회사 당신 없으면 어떻게 돌아가지?

얘야, 네가 보내준 돈 잘 받았다
너도 형편이 어려운데 이렇게 용돈을 보내주니?
아버지는 니 덕분에 많이 좋아졌다

삼촌 이번 수능을 망쳤어요
어떻게 해야 할지 걱정이에요 내일 삼촌을 찾아갈게요

최 선생님 저번 일은 고맙게 생각합니다
저녁 식사라도 대접하고 싶은데 한번 시간을 내주세요

최선생 왜 이리 사람이 좋아 당신만 보면 세상 살만해
우리 시골집에서 토종꿀이 왔는데 누구 주지 말고 꼭 당신 먹어

사내는 오늘은 꼭 그곳을 떠나고자 다짐한다

따르릉! 따르릉!
그를 찾는 전화가 또 울린다

이화숙

1969년 서울에서 태어났으며
출판사에서 책을 기획하고 편집하는 일을 하고 있다.
sea3411@naver.com

인연이 되지 못한 것들 심장 내부에 붙잡아두고
수줍어 한 죄,
저녁 어스름, 빛의 무게가 무겁다
내 이마는 아직, 너로 인해 뜨겁다

밖에는 눈이 내리고

네 개의 숟가락이 담긴 희뿌연 술국은
침묵처럼 식어가고 있었는데요
그들의 등 뒤로 취기 오른 눈발들이
갈피를 못 잡고 유리에 아프게 부딪치는 새벽,
모나지 않은 네 사람의 마음처럼 유난히
둥그런 탁자에 피곤한 머리를 대고 나는,
색다른 일자리가 생겼다고,
은행 무인점포 유리를 닦으러 가야 한다며,
연신 중얼거려요
창밖에는 소리죽인 낭만 같은 것이 쌓여가고요
날이 밝으면 불투명한 생을 투명하게 닦으러 가야 한다고,
흔들거리는 그들의 시간을 자꾸만 재촉하네요

빛으로 만든 손가락

어깨에 흰 먼지를 얹고,
발걸음 무거운 이들이 이곳에 산다

낮은 담장 넘어 바람 숲이 보이는 마당엔
뜨겁게 달아오른 불판을 중심으로 삼겹살은 구워지고
우연히 물처럼 흘러들어온 가난한 삶들이
모두 모여 앉았다
각자 집에서 들고 나온 반찬들이 성찬이 되고
한 손엔 고기 한 점 집어들고 한 손에는 술잔을 부딪치며
모두가 오랜만에 봄날의 햇살처럼 웃는다

어, 이상하다
술을 권하는 2층 남자의 가운뎃손가락이 없다
그 옆 고기 굽는 남자의 새끼손가락도 보이지 않는다
3층 남자의 손은 내 눈길을 피해 이미 주머니 속에 숨어버렸다

빛이 바늘처럼 찌르는
일요일 오후,
술잔을 받아든 내 손이 겸연쩍게 웃는다

아무 말 하지 않는 게 낫겠다
그들의 빛으로 만든 손가락을 이해하지 못할 테니,

지상에 편안한 방 한 칸 지닌 이들의 자유로운 휴일
추억이 되지 못할 비밀조차 아프지 않게 이야기하는
남자의 얼굴 위로 봄 햇살,

한 그루의 위로

노인이 도장을 새기는 동안,
그녀는 마음처럼 불안정한 앉은뱅이 의자에
조용히 앉아 있습니다
바람은 아직 시원합니다

도대체 그는 어디로 간 것일까,
회사의 문은 오래 열리지 않고요
은행담당자는 연락 끊긴 그와의
잘못되어가는 보증관계를 확인시키느라
며칠째 전화가 뜨겁습니다
  도장을 지참하고 나오세요

그녀의 의자는 자꾸만 삐걱거리는데,
고개 숙여 도장을 새기는 손은 흔들림 없이
노인의 화살촉은 섬세하고 정교하게 움직입니다
누군가의 가슴에 깊이 각인되는 법을 알고 있다는 듯,

검은 나무 밑동에 새겨지는 그녀의 이름과

마무리하듯 나무 몸통에 위로처럼 새겨지는 붉은 음각,
'정심正心' 이란 글자

어느덧
한 그루의 도장을 환하게 내밀며
노인이 바르게 웃습니다

소리

이 집의 아침은 오늘따라 유난히 시끄럽네

옆집 아이는 오늘도 조용한 다섯 살,
노파는 겨울 추위 속 잠시 다녀간 아들에 대한 원망을 담아
세월의 거친 물줄기 뚝뚝 묻어나는 목소리로
아이의 달콤한 꿈속 산책을 방해하네

지난 새벽,
옆집 창밖을 오래 서성이던 발걸음 소리,
담뱃불 따라 흐르던 한숨 소리는
뿌리를 지닌 세상의 모든 소리를 꽁꽁 얼어붙게 했네

창과 창으로 모든 소통은 이루어질 거라고,
벽과 벽 사이에서 생각의 끈이 날마다 자라나듯이,
그렇게 아이의 아침이 오네

가을 전어

어시장이 열린 방파제에 쪼그리고 앉아
가을을 굽는다
그 남자,
석쇠에 올려진 깊어진 가을 위에
굵은 소금 솔솔 뿌려가며 맛나게 굽고 있다
오랜 노동으로 노곤해진 얼굴도 잘 익어간다
후각을 자극하는 가을보다
더욱 구미가 당기는 건
그 남자의 오랜 방황의 내력,
칼집을 내서 구워야 이 가을이 잘 익을 거라는데
매캐한 연기 속 익어가는 가을처럼
한때의 저어한 감정도 잘 구워지고 있다

그 열매의 이름

깊고 조용한 그곳으로
바람은 씨앗을 품고 불어왔지요

낯설고 아프기만 하던 첫 이름들은
나른한 하품처럼 소식이 끊긴 지 오래입니다
바람은 머물지 않고 표정없이 지나갔으니
아무렇지도 않을 줄 알았지요

꽃샘추위는 습관처럼 그녀에게
꽃을 들고 찾아가게 합니다
바람은 몸의 아픈 방향에서 불어오더군요

조용히 불어온 바람의 씨앗은
가볍지 않은 이름을 가졌습니다
그 열매는 부드럽거나 단단한 것으로 붉어지면서
첫 이름들과 만납니다

그녀는 희미한 나이에도

함께 출렁일 수 없는 그리움입니다
걸음의 길이를 맞추며 걸었으나,
정해진 시간은 거꾸로 돌아서지 못하더군요

시작되는 모든 씨앗의 이름들은
바람의 보폭에 맞춰 생을 딛고 일어서겠지요

박광배

1959년 충남 서천 출생.

1984년 실천문학사에서 펴낸 시선집《시여 무기여》에

〈용평리조트〉외 1편을 발표하며 작품활동 시작.

duegipa@hanmail.net

나는 둥그런 게 좋다

십대 때나 지금이나 이 세상이 싫다
서른 무렵이었을까
아버지는 내게 만고의 역적 놈이라 했다
하여간 싫은 걸 어쩌나
아버지 풀 매는 것도 거슬렸다
멀쩡한 풀 왜 뽑나
매사 사사건건 거슬릴 뿐이다

하지만 내가 좋은 것은
여자들 동그란 가슴과 동그란 엉덩이가 좋았다
둥글게 휘도는 강물이 좋았다
산모롱이를 타고 흐르는 둥근 길이 좋았다
풀이 좋고 숲이 좋았다
막천으로 대강 만든 바지가 좋았다
이 만고의 역적 놈은 나이 먹어서도
바르게 반듯하게 살아가는
저 놈들 세상이 정말 싫다

만고의 역적 놈을 자식으로 둔 아비와도
요새는 싸울 일 없다
그도 늙어 뾰족하게 둥글어져서
곧잘 당신을 타박한 세상을 욕 한다

피뢰침에 서다

서울 상공에 유에프오가 떴다
빚 달라고 김 형이 저승서 왔나 보다

아파트 옥상에 누워 유에프오를 본다
언제나 갚아질지
나도 모르고 김 형도 모르고
유에프오도 모른다
물론 보낸 하느님도 모를 것이다

주야장창 떠 있는
저 놈에 유에프오

인생에 빚지고
사람에 빚지고
온갖 생명에 빚지고
젤로 은행에 빚진
멍텅구리들 머리에
유에프오는 떴다

나는 저놈이
떠나갈 날만 손꼽는다

치욕스런 나날들

스멀거리며 검은 그림자는 다가오는데
진창에 서서 소금밭이라 우기고 있다
발가락은 썩은 지 오래
문드러진 머리는 냄새도 못 맡나 보다

아프지 않아 이상하다 왜 안 아프지

아이가 운다 네거리에서
불 꺼진 지하방 아이가 울어

후미진 화장실, 귀신처럼 잠든 누더기
사무실 문밖, 음식그릇을 뒤지는 누더기
시장, 버려진 과일을 줍는 누더기
대합실, 취해 울부짖는 누더기

아이가 운다 아이가 운다 끊길 듯 끊길 듯 아이가 운다

아무렇지도 않은 거리를 아무렇지도 않게 걸어가는

나는 생령인가 망령인가

아비

이제 막내만 졸업시키면 되네 4학년이여
이번에 장학금 받었다네 한양대학교 국문과
아니 이 일 해서 애들 대학공부 시켰단 말요
대단허십니다
하루두 안 쉬었어
병원공사 할 때 치질로 똥구멍이 터졌는데 수술할 시간 없고
약은 그냥 주데 안 쉬었어 애기 아르바이트 안 시킬라고
공부만 하라고 장학금 타라고 죽어라 일했지
이번 학기만 지나면 막내까지 졸업이여
이제 다 한 거지 뭐
가능하군요 어찌 애들 가르칠까 캄캄했는데
그저 할 수 있다 생각하고 먹고 싶은 거 하고 싶은 거 참으면 돼
맥주 먹고 싶으면 소주 먹고 소주 먹고 싶으면 막걸리 먹고 내 욕심
버리고 줄창 일 허는 거여 돼 왜 안 돼
어떻게 그리 일 합니까 나이가 낼 모레 육십 아니오

나이? 이겨져 새끼 앞에 웬 나이

당당하고 깐깐하고 카랑카랑한 목소리 탱글탱글한 몸뚱이
매사 거침없는 그가 살아낸 세상
그는 대인의 귀를 가졌더라

특수훈련

특수훈련 받는 것 같아요

일본배우를 닮은 그가 뜬금없이 뱉는다

— 뭐가요
사는 게

삽질이 영 시원찮은 그
뜯어보면 예술가처럼 섬세하게 생겼다

— 그렇지요 서민들이사 인생이 특수훈련이지요

어쩌다 보니 다리를 전다

— 다리가 불편 하시네 현장서 다치셨나요
아니요 몇 년 전에 교통사고 당했어요

오십 줄에 들어서는 듯 보이는 그는 아현동서 혼자 산

단다

하루 일하면 일주일 살아요
— 돈을 모으셔야죠
무슨 낙으로 그냥 사는 거지요
언제나 제대할지

노숙인 이 씨

쇠꼬챙이처럼 마른 사람이 이도 몇 개 없다
일하는 내내 무어라 웅얼거린다
점심 먹고 혼자 쉬었다 왔더니 자신만 남겨두고
갔다 왔다고 뭐라는 듯하다
이승만은 뭉치면 살고 흩어지면 죽는다 했다나

선임 김 씨와 나는 그와 떨어지기 시작했다
삽자루 쥔 그가 사실 겁난다

반 실성한 이 씨가 잠실 재건축 평당 4천만 원이라는
최고급 아파트 현장에서 삽질 한다
일당 6만5천 원에 대리석으로 뒤발한 천국을 짓는
우리가 선 자리는 어디일까
실성해버린 이 씨가 정직한 사람인지도 모르겠다

노숙인 김 씨를 보며

돌아갈 곳이 있다는 것은
얼마나 좋은 일인가

돌아가 쉴 곳이 있다는 것은
또 얼마나 기쁜 일인가

돌아가 몸 뉘일 곳이 있다는 것은,

그러다가 그렇게 버티다가
하나
둘
증발한다

아 얼마나 우스운 일인가

전
용
욱

1965년 대구에서 나고 자라고 살아가고 있음.

firtree65@nate.com

오랫동안 기억하겠노라고………

추석

아버지는 술만 마셨다
명절이라 더 조용한 우리 집
해바라기 담장 아래 국화가
하루 종일 흔들리고 있었다

그만 좀 해요
술병을 치우던 어머니 등 뒤로
다시 술병이 날아갔다
평안도 욕설이 튀고
라디오가 깨지고 술상이 부서지고
어머니가 엎어졌다.

악을 쓰며 말리던 누나는
머리채가 잡혀
국화 앞에 나동그라졌다

나는 도망쳤다
새 옷 입은 아이들 노다니는 골목을 지나

강둑까지 냅다 뛰면
강 건너 나지막한 산자락 뒤로
버얼건 어머니 얼굴이 지고 있었다

밤이 오고
해바라기 담장 아래 국화가
명절이라 더 환하던 우리 집
안방에선 아버지가 코를 골고
건넌방에선 담요를 뒤집어 쓴 누나가
내 발목을 잡아챘다

새우잠 자던 그 밤이 가고
오줌 싼 담요
어질어질한 감기 기운에 깬 새벽
안방에서 들리는 망치소리
덜거럭대는 소리
꼭두부터 아버지는 어제 내던진 모든 걸
죄다 고치고 있었다
부서진 몸도 마음도
동이 트기 전에
다시 살아갈 준비를 하고 있었다

경산댁

계절이 지나는 담티고개*
환절기 바람은 아프다네
어스름 짙어가는 마당에
밤낮이 바뀌는 마음에
감나무 옆구리를 품어가며
달빛은 웬 암내를 저리 피우나
창문은 진작 닫았는데
자꾸만 드나드는 바람

* 대구와 경산 사이에 있는 고개

봄날

날이 따스해 소풍 간다
삶은 달걀 돌김에 쌀밥
노랑때 개나리
자줏빛 참꽃 따라
산턱 봉긋한 무덤가
실오르던 아지랑이 아지랑이들
풀물 든 선생님 종아리
절뚝,
절뚝이며 온다

양
선

특별한 이력 없음.

wkddid68@hanmail.net

약력을 쓰려니 혼란스러워졌다. 내 고향은 태어난 곳을 써야하나 자란 곳을 써야 하나 가장 오래 산 곳을 써야 하나

어릴 적엔 내가 커서 뭐가 될지 궁금했다.
지금도 궁금하다 늙어서 뭐가 될지, 죽어서 뭐가 될지

天葬

분명 내 生 중 한번은
그곳의 원주민이었을 것이기에
그리하여 산정의 세찬 바람과 날리는 색색의 깃발이
늘 그리운 것이기에
내 죽으면 그 산으로 데려다 주세요
나를 떠올릴 만한 종이쪼가리는 모두 태우고
추억해 줄 아무에게도 알리지 말고
바람 가장 세찬 날
육신을 갈갈이 갈라
골짜기 산등성이 어디든
흩뿌려 주세요
독수리나 까마귀
영혼 조각내
날려줄 수 있다면

이후로 난 편히 쉬고 싶지 않고
한 곳에 머무르기 더더욱 싫답니다
세상으로 돌아올 육신일랑 남지 않도록

이생이 마지막이 되도록
그 산으로 데려가 주세요

수많은 생生 중 단 한번
사랑받고
나
가요.

눈 오는 밤

눈물 없이 울어 본 적 있는가
눈은 쌓이지 않고
소리만 조금씩 흐느낀 적 있는가
겨울밤 산책길
불빛 따숩게 새 나오는 지붕 낮은 집을 찾아 서성대는
아, 그대 꿈은 무릎 맞댄 밥상이나 높이 다른 베개처럼
아무럴 것 없이 살아가는 것
그리 사치스러운 것이었을까
가로등 불빛 아래로
눈발은 전장에 나선 병사처럼 와 하고 쏟아지는데
왜 눈 오는 밤은 이리 고요할까
세상은 잠들고
혼자 잠 못 든 누군가를 위해
천천히 울며
헤매 본 일 있는가

천년-052309-폭설

1.

눈은 격렬하다 냉정하다 초연하다
투신하는 열사처럼 장엄하기까지 하다
눈은 그냥 죽지 않는다
물기 없는 곳에서는 서로의 주검으로 연대한다
먼저 것 위에 덮쳐 적체감으로 시위한다.

2.

도시로 통하는 모든 길은 마비되었다
사람들은 각자의 방에서 고립됐다
더 이상 염화칼슘 뿌리기를 포기한 공무원들은 이제 출근하지 않는다
지하주차장에 들어가지 못한 차들은 투항했다
거리에는 눈 말고 움직이는 것이 없었으므로
사람들은 이것이 마지막 심판이 아니기만을 기도했다
노약자는 쉽게 미끄러지지 못했고
임산부는 해산하지 않았다.

3.

눈은 그치지 않는다

기세등등하다가 잠깐씩 소강상태를 보이기는 했다

그것은 사람들에게 점차 무기력감을 주기 위한 작전이었다

어느새 사람들은 희망을 놓아 버렸다

이제 눈 구경을 하기 위해 높은 곳에 오르는 것은

아이들뿐이었다.

4.

눈을 녹이는 햇살이 날거라는 예언을 기억하는 청년은

아직 집에 가지 않고

혼자 눈을 치웠다

나는 그 청년을 믿지 못했다.

박쥐

새가 물었다
당당하고 슬픈 눈이었다
"내 친구가 돼 줄래?"
단호하다 나는 새가 아니다
너무 훤한 창공을 날거나
아침 이슬을 털며
나뭇가지 사이를 누비고 다닐 순 없다

쥐가 물었다
고요하고 자유로운 목소리였다
"친구가 돼 주렴"
단호하다 나는 새가 아니다
그렇다고 쥐의 친구가 될 순 없다
너무 어둔 땅속을 헤매거나
밤이슬에 젖어
나무뿌리 사이를 파헤칠 순 없다

나도 원하는 게 뭔지 모른다

오래 생각 중이다
사람들은 내가 누군지 자꾸 묻는다
나는 생각하고 생각하고
생각만 하므로
사람들은 마음 놓고

나를 버린다.

진술서

1988년10월1일에 복권을 샀다
분명히 그랬다
증거도 있다
《겨울 나무에서 봄 나무에로》
사이에
추첨일: 1998년10월3일
지급기한: 1998년11월30일
이라는 복권이 끼워져 있다

그때 일확천금을 꿈꾸고 있었나
2008년10월30일 지금도 똑같이
인생의 반전을 기대하다니
현재를 살아가기에 나는 너무 순진하다

저지르는 용기도 없이 내지르기만 하는
관대하지도 못하면서 나태하기만 한
청춘을 탕진하고도 종교조차 갖지 않는

인생역전보다 비명횡사가 간단하다는 진리를
이제 나는 인정한다.

김병호

1967년 서울 출생. 1998년 작가세계로 등단.
시집 《과속방지턱을 베고 눕다》 외.
poetho@hanmail.net

이제 키득키득 웃을 수 있는 시를 쓰고 싶은데
그렇게 웃는 법도 잊었는지
누가 그랬는지

저글링

너를 높이 던지고 점점이 검은 콩 주먹밥을 기다리는 사이 날것인 내가 왼손으로 떨어진다 오른손에서 뛰어오른, 소나기처럼 파고드는 아침의 너와 밤썰물로 빠지며 비린내를 뿌리는 너 사이 또 다른 내가 진공으로 멈칫거리고 왼손이 기다리는 건 마른 침 튀던 새벽 그 천정의 싸구려 겹무늬, 너의 찬 손을 그러쥔 것이 어느 후회였는지 방향 없이 구르던 네 머리를 지탱했던 것이 어느 어깨인지 어느 처서處暑인지 어느 골목 막다른 담벼락인지 네가 그린 포물선의 반전을 따라 덜 마른 어둠으로 곤두박질치던 적란운이 지린내를 삼킨 자리, 그 위로 날것 하나 떨어진다 가로등만한 왼손이다 날개 없는 것이 위로 오른다 오른손에서 일곱 개의 너, 왼손에서 오른손으로 딱 감당할 만한 순서대로 포물선 어디 물결처럼 떠도는, 웅얼대는 허공으로 어느 가을로, 탈골한 어깨로 그렁한 넝쿨 떨어진다

장마

"계몽이란 관례에서 벗어나…… 규율이라는 사슬을 푸는 일……"

오후 4시, 돌아누운 여자의 윗몸은 칸트를 읽는다

여자의 아랫몸과 얽혀 떨던 남자의, 장맛비를 타고 오르다 홀연 마주친 고비에서 몸서리치는 빈 동공이 기억 못하는 마지막 초점

축축한 살갗이 서로를 계몽하는 7월

세상 또한 알몸으로 어두워

곰팡이 번진 육지의 소일

발기한 막대기 볕을 먹구름 터진 구멍을 찾아 밀어 넣는

역행하는 계몽

계몽이라는 도발

쉬이 무릎에서 가시지 않는 장마

이야기의 역사 2

밤은 없다 밤에게까지 걷는 골목이 긴 어둠으로 절여져 있기에 저기 무언가 어둡다 멀수록 더 짙어지는 것, 밤과 나 사이의 어두운 거리가 밤이다

그는 사건이었고 나는 순간이었다

사분사분 암흑을 도려내는 먼지의 잔영에 따르면
내가 포함된 변화는, 사랑은 서 있지 않는다
아직 빗물 고이지 않은 하나 발자국이 말하길
태초부터 사건은 없었으며 모두가 엮인 이야기가 전부였다 사랑은 그랬다
어느 곳 어느 순간에나 있는 건 사건들 사이를 출렁이는 물결뿐이었다
영원은 그랬다

나를 한 장의 사진으로 오해한 그가 스스로 동떨어진 사건이라고 위로한 계절 동안 세상에는 아무것도 없었기에 그는 관계이고 나는 변화이다

그와 내가 함께 있으면 우주이고 그에게서 나를 덜어내면 처음이다

세탁소를 지나다

고가무표카수맞 무슨 소리?
류죽탕공트선춤 아빠 몰라?

수평으로 읽는 세상이
주문呪文으로 바뀌다

사이

별은, 가을별이 가진 따뜻함에는 겨울을 건너온 자의 서리 내린 한숨이 서려 네 피부 아래 쉬이 냉기 고인다 연보라 펄럭이던 네 그림자가 일어서 웅크린 너를 뒤에서 끌어안으니 나는 뒷걸음질하는 7이 되어, 상처에 고이는 피처럼 길 위를 흐르는 낙엽에게 묻는다 8은 투병 중인가, 8과 9사이에는 무엇이 출렁이고 있어 나와 저기 우산으로 비의 그림자에 든 꼬마 모두 3과 4 사이

3.7차원을 방황하는 소수素數인줄 모르고, 비 갠 날 양지에서 아무리 나를 분해한들 1과 나 자신뿐인 소수로 이 우주의 반나절을 견디는 사이

정수 사이에 존재하는 무한無限, 무한을 흐르는 동안 단 한 번도 반복하는 무늬를 지니지 못한 무리無理를 수라고 부르는 무모함이 생이 가진 곡률이라면 닿을 곳 없는 추락이야말로 유일한 해답이라 써있는 답안지의 시간과 무한의 절반도 무한임을 아는 공간 사이

다시 무한은 제곱해도 무한이라는 동어반복뿐인 암흑을 손으로 더듬어 느끼는 곡률, 얼마나 빨리 발산하거나 얼마만큼 맥없이 수렴하는 차이 없는 차이만이 내가 고를

수 있는 전부임을 아는 일은 저 가을 햇빛을 온몸으로 투과하는 일, 암흑과 정확하게 같은 투명도를 가진 저 빛에 온몸으로 뛰어드는 일과 곱게 화장하고 좌표공간에서 소수素數로 살아남는 일 사이

김
민
식

1964년 경남 남해에서 태어났다.

minsikk65@naver.com

부산한 가을날
심연에서 시 한 편 퍼 올리는 일
이것 또한 나의 인생이다

새의 이면

폭설 내린다
숲이 잠잠하다
한밤중
생가지 하나
기어코 부러진다
새들은
부러진
겨울밤을 쪼아
날아오른다
생이별
함께 하자고
하얀 바람을 가른다
나무도
온 몸으로
틀어 낸다 겨울을

국수 말이

말아 먹고
다 말아 먹고
전셋집도 다 말아 먹고
배고픔에
국수를 만다
더 말아 먹을 것 없는
두부살 같은 인생
양푼 시끄럽게
다 말아 먹는다.

조갯살 한 점

미역국에 건진 조갯살 한 점 달짝히 씹는데

어머니 날랜 호미질이 배창시 깊숙이 헤빈다

갯벌 다 헤집었을 호미질에 안녕 못 할 어머니 생각에

복통으로 밤을 설친다.

낙엽

뒹굴어 간다
이 골목 저 골목으로
누군가의 발길질에
부서진다.
청소부 빗질에
숨이 차오른다
산으로 가
제 색깔 뽐내는
단풍으로
서 있고 싶은데
단풍이 너무 곱다
저 산은

빈 집

겨우내
담쟁이덩굴은
말라 터진 손으로
다 쓰러진 담벼락
움켜잡았을 게다

대지로 나간 자식들
아버지 제삿날 돌아와
가난한 추억도
제사상에 올려
밤새우게
빈집 지켰을 게다

아무도 돌아오지 않는
빈집에서
담쟁이덩굴 혼자
추석빔 입고 담벼락에 기대
붉게 운다.

쇠섬분교

미조리 앞 바다 위
똥바가지처럼 떠 있는 섬
가장 높은 곳
작은 학교는 졸고 있다

외지에서 온
낯선 아이들에게
녹슨 놀이기구 내어주고
큰 소리 치지 못해도
파도소리 따라
해풍에 종소리 울리며
졸음을 쫓는다

수평선 넘어
동동 달려 올 아이들
얼굴 그리며
보물섬 학교는
문 닫지 못한다.

해설

희망을 '더' 말하기*

양경언(문학평론가)

중단 없이 지속되는 것들이 끔찍할 때가 있다. 이를테면 반성 없이 반복되는 역사 속에 내가 우두커니 있다고 느껴질 때, 예나 지금이나 생의 누추함이 드러나는 신문 기사들을 마주해야 할 때, 거리의 싸움들은 여전하고 그 여전함이 쉬이 멈출 수 없다는 것을 예감할 때 (투쟁의 당위를 떠나서 싸움이 삶인 사람들은 안다, 순간마다 감당해야 할 피곤과 적막에 대하여. 거리에서 눈을 뜰 때 가장 힘든 점은 사실 끝없이 밀어닥치는 소외감과 무너지는 자존감을 상대해야만 한다는 것임을), 잔혹한 사건들 속에서도 내 앞의 현실은

* '더 말하기' 라는 표현은 베케트의 『가장 나쁜 쪽으로』라는 작품의 '더. 더 말하기. 더라고 말해지기. 어떻게든 더.' 라는 구절로부터 빌려온 것임을 밝힌다.

아무런 불편 없이 계속되고, 그 안에서 나 또한 온전할 수 있는 내 상태에 안도하고 있음을 불현듯 깨달을 때.

중단 없는 세계를 끔찍해하는 나의 반응은 습관적 방어인가 아니면 무기력한 대응인가. 이 모든 통증을 뒤로 한 채, 끔찍한 순간들 속에서 살아남는다는 것은 인간이 가면 쓰기의 삶을 숙명으로 부여받은 탓인가 아니면 생을 견뎌내기 위한 안간힘이 이뤄낸 성과인가. 구분이 쉽지 않다. 그 누구도 어느 길을 택하라고 강요한 적은 없다. 하지만 스스로가 가장 나약하다고 여기는 순간마다 이 같은 물음들은 도처에서 밀려오는 것이다. 어떻게 해야 하는가.

이는 당대의 현실 속에서 시인의 자리는 어디인지 — 정확히 표현하자면 '어디여야만 하는지' — 에 대한 물음이기도 하다. 한 때 어떤 이들은 그 물음을 비켜가기 위한 방편으로 끔찍함을 낯설게 격상시키기도 했다. 그리고 그 방법만이 중단 없이 극성을 부리는 세계에 대처하는 유일한 방법이라고 착각을 하는 이들도 더러 있는 것 같았다. 하지만 현실에 발 딛고 살아가는 우리들이 끔찍해마지 않는 지속성을, 그로 인해 정말로 중단할 수 있었는가하고 되묻는다면 아마 확답하기가 어려울지도 모른다. 행여 해석의 과잉 속에서 시가 있어야 할 위치를 '지금 - 여기'와 동떨어진 곳으로 떠나보내진 않았는지, 판단을 유보한 많은 질문들 속에 시와 현실의 관계에 대하여 충분히 얘기하지 못한 것은 아닌지에 대한 혐의가 남기 때문이다. 과연 우리는 '충분히'

얘기했는가. 새로운 세계를 거느리기 위한 책무로 낯선 언어만을 경유하려 들 때 우리는 과연 얼마나 '지금 - 여기' 에 있는 것들을 깊이, 용기를 내어 들여다보려 했는가. 중단 없는 지속을 두려워한 까닭에 쉽게 물러서는 태도를 취한 것은 아닌지에 대하여 우리는 얼마큼 자각하고 있는가.

〈거미〉 동인들의 시가 그래서 반가웠다. 그들의 시선은 먼 곳에 있지 않다. 그들의 자리는 구체적인 '지금 - 여기' 에 있다. 요컨대 당대의 현실을 겪고 있는 낯익은 말들을 지금보다 '더' 사용하는 방식으로, 충분히 얘기하려는 자세. 〈거미〉 동인들은 지금을 '더' 말한다. 지금의 무엇을? 동인들의 시편을 이루는 언어들이 어디로부터 길어 올려지고, 어떤 형상을 취하는지를 지켜본다면 짐작할 수 있을 것이다. 〈거미〉의 언어들이 방출하는 시적 세계는 팽창하기도 하고(巨), 농밀히 응축되기도 한다(微). '더' 말해지면서 극한으로 발산되기도 하고, '더' 말해지면서 최소한으로 수렴되기도 하는 것이다. 시적 언어로 지금을 '더' 말할 때, 이들의 시들은 지금 세계의 악무한이 진무한으로 전환되는 과정의 희망을 점칠 수 있게 한다. '희망' 이라니. 추상적인가. 아직은 너무 멀리 있는 말 같은가. 이 글은 시로써 희망의 증거를 점치기 위한 운동 과정에 기꺼이 몸을 던진 자들에 기대를 거는 글이 될 것이다. 삶은 이 글이 쓰이는 동안에도 계속해서 들끓을 테지만 그들의 쓰기는 이미 시작('詩作' 그리고 '始作')되지 않았던가.

나로부터 당신에게: 함께함의 자세

지금에 대해 '더' 말해질 수 없을 때까지 말하면서, 단련해가는 시편들을 먼저 소개해야겠다. '너무 오래 참으며 다지고 다진 탓에 빗물도 눈물도 그냥 몸을 따라 흘러내릴'(이민호, 「흙다짐」) 정도로 단단한 이 시편들 속 주체들은 잔인한 현실로부터 비롯되는 모진 풍파를 피하기보다는 정면으로 마주한다. 구체적인 상황을 시적 언어로 묘파하는 과정은 자기반성을 치열하게 수반할 수밖에 없다. 그리고 이를 통해 '나'의 시선은 내 안으로만 소급되는 것이 아니라 다른 이들과의 관계로 나아갈 줄 알아야 한다는 방향이 역시 제시된다. 미미한 (것으로 치부되어 왔던) 존재, 미미한 (것으로만 알고 있었던) 사건으로의 초점화는 우리가 상실했던 정념들을 재생시킨다. 슬픈 현실을 정치하게 바라보면 우리들은 '슬픈' 상태로만 고여 있는 것이 아니라, 이 비애감을 부추기는 세계 속에서 어떤 자세로 '나'와 '당신'이 관계 맺어야 하는지에 대한 골몰에 응축할 수 있게 되는 것이다.

> 어느 순간, 지난밤 내린 눈 무게를 이기지 못한 소나무 가지가 부러졌다 딱 하고 내 숨도 끊어졌다 그의 발자국 소리도 그 후 강물이 풀리고 부러진 가지 위로 새순이 돋는다 해

도 나는 내일의 나를 알지 못 한다

이후
별리別離 없는 야만의 나날이 혐오스럽다
— 이민호, 「슬픈 근대」 부분

지난 밤 강설량이 과도했는지 그 무게를 이기지 못하고 부러진 '소나무 가지' 는 사시사철 푸르다는 소나무의 신화를 무색하게 한다. 세계는 '내일의 나' 를 알 수 없을 정도로 예고 없는 사건들이 들끓고, 그에 휩쓸려 '내 숨도 끊어졌다.' 신화적인 융합의 질서가 더 이상 통용되지 않는 근대에 대한 평가가 비애일 수밖에 없는 이유다. 하지만 문제적인 지점은 '나' 가 완전히 해체된 것은 아니라는 점과 따라서 지금이 '슬픈 근대' 라는 판단 역시도 무화되지 않았다는 것이다. '나' 는 여전히 남아, '이후 별리 없는 야만의 나날' 을 혐오스러워 하고 있다. '나' 는 분명히 부러진 소나무 가지를 계속해서 집요하게 지켜보고 있는 것이다. 이는 길에서 죽음을 맞이한 한 노숙자 여인을 지켜볼 때나 (「키스 앤 세이 굿 바이」), 어린 자식들을 한 아름 안고서 지켜볼 때 (「흙다리」) 역시 마찬가지다. 시인은 도래할 모든 '야만의 나날' 들과 결코 헤어질 수 없음을 자각하고 있고, 그래서 그를 더욱 철저하게 지켜볼 것을 일러주며 '승전보를 품고 허겁지겁 달려가 쓰러져 죽' 지 말아야 한다는 (「페이스메이커」)

반성적 의식을 갖추어 간다. 차라리 야만의 나날로부터 '벗어나' 기 위해 '죽을 힘을 다해 튕겨 나와' 야 한다고 말한다. 습관적인 망각 속에서 '뼈아픈 기억' 을 살려냄으로써 '습성을 이기는' 방식이 이민호의 시편들로부터 제기되고 있음을 우리는 목도한다. (「위험한 트랙」) 용산 참사를 떠올리게 하는 시에서, 시인이 제시하는 함께함의 자세란 바로 그와 같은 것이다.

이처럼 현실을 더욱 잘 들여다보았을 때, 우리는 시를 통해 '우리' 의 밖으로 나아가야만 한다는 방향성에 대한 힌트를 얻을 수 있다. 김영환의 시를 보자.

그래, 너도 잘 씌어지지 않는 시가 있었구나
마저 닦아야 할 검은 세월이 남아 있었구나

— 김영환, 「초생달」 부분

김영환은 "없는 나를 찾아가는 여정, 그래서 나는 시를 쓴다."고 밝힌 바 있는데, 위의 시에서는 시가 '잘 씌어지지 않는다' 는 고백으로 '없는 나를 찾아가는 여정' 의 고단함을 자백한다. '나를 찾아가는 여정' 은 애초부터 쉬운 작업이 아닐 것이다. 초생달이 자신을 비움으로써 검은 밤하늘을 더욱 잘 드러날 수 있도록 자리를 마련해 주듯, '없는' 나를 찾아가는 여정 속에서도 내 자신 안의 '마저 닦아야 할' 스스로를 계속해서 비워내는 일이 선행되어야 하기 때문이다. 지금은 '없는' 상태의 '나'는 초생달처럼 자신을 비워낼 수 있어야 비로소 선연한 빛깔로 도래할 수 있을 것이다. 시인에겐 '초생달' 뿐 아니라 폭풍우를 다 맞으면서도 '일어서는' 나무와 (「눈물나무」) 플라타너스 잎들 사이로 수런대며 내리쬐는 빛들의 점멸(「늦은 시월」) 등이 자신의 결여가 다른 존재들과 어떻게 어울리는지 전경화해주는 소재들이라고 할 수 있다. 그 사소한 존재, 사소한 상황은 마치 이 세상을 영위하게 해주는 비밀처럼, 풍경 자체도 새롭게 의미화할 수 있는 모티프로 자리한다. (가령 김영환의 「푸른 모과」에서는 모과나무가 장례식장의 상황을 푸르게 바라보게 하면서 죽음 역시도 삶의 일부임을 일깨우는 역할을 하고 있다.) 이로써 풍경은 생생히 살아난다. '나'의 부족한 부분을 드러내면서, 그리고 '나'를 있게 하는 당신이 구체적인 존재로 떠오르면서.

심연의 바다에 떠 있다
누구신가
당신은

슬쩍

정지된 가을 저녁놀 바다에서
인화되는

당신은

— 신효석, 「가을 저녁놀」 부분

모기에 물려 맺힌 상처를 발견할 때조차 그를 통해 당신과의 살 부빔을 소중히 여길 줄 알게 되는 기회로 삼는 (「이 조그만 모기도 나와 부딪히면」) 신효석 시의 '내'가 가을 저녁놀을 우연히 마주하면서 '당신'의 얼굴을 불러내는 것은 당연하다. 한 편의 아름다운 사랑에 대한 시로도 읽히는 신효석의 「가을 저녁놀」에서, 당신의 얼굴이 '심연'의 바다에 떠 있고, '슬쩍' 떠올랐음을 주목할 필요가 있다. 하나의 행으로 하나의 연을 이룬 당신의 '슬쩍'이라는 태도는 나의 타오르는 저녁놀과의 정면적인 마주침이 끈덕지게 지속되어야 읽힐 수 있는 부분일 것이다. 사랑을 만만하게 생각했다가는 '심연'을 놓쳐 '누구'인지 불러낼 기회조차 잃어버릴 수 있으니 우리는 다만, 사랑도 삶도 용기를 내어 붙잡고 관계를 이어갈 수 있어야 함을.

아버지는 이 집을 어떻게 장만했나요
이 집은 네 엄마와 내가 바늘로 지었다.

어머니는 우리들을 무엇으로 키웠나요
네 아비와 내가 바늘로 키웠다

아버지 어머니 죄송합니다
저도
아버지와 어머니를 바늘로 모셔야 될 것 같습니다

— 임동준, 「바늘」 전문

별 것 아닐 것만 같은 풍경을 집요한 시선을 통해 붙잡아두고, '나'와 '당신', '우리'가 함께할 수 있는 자세를 고민하는 모습은 임동준의 시에 이르러서 더욱 구체적인 묘사로 응축된다. 무언가를 찌르는 데에 사용되기에 작지만 위협적인 물건인 '바늘'은 위의 시에서 가정의 생존을 책임지는 생활 도구라는 일차적인 의미만을 내포하지 않는다. 그 바늘이 꿰어온 수많은 이불, 옷가지들에 남겨진 흔적 마냥 헤져 있을 삶의 적나라함 역시 환기하게 하는 것이다. 스무살의 여자가 하이힐을 신고 달리는 삶의 처연함(「하이힐」), 가난 때문에 아버지 제삿날에도 모이면 싸우는 형제들이 보여주는 삶의 고단함(「가난한 경제학」), 전화 메시지로 전달되는 한 중년 남성이 증명하는 삶의 피로함 (「올가미」) 이 임동준의 시에는 있다. 이토록 물큰, 구체적으로 몰려오는 삶의 비애감이. 그리고 그 비애감은 박광배의 시에서는 일찍이 이민호의 시에서 읽을 수 있었던 것처럼 명료한 비판의식으로 전화되기도 한다.

반 실성한 이 씨가 잠실 재건축 평당 4천만 원이라는

최고급 아파트 현장에서 삽질한다
일당 6만5천 원에 대리석으로 뒤발한 천국을 짓는
우리가 선 자리는 어디일까
실성해버린 이 씨가 정직한 사람인지도 모르겠다

— 박광배, 「노숙인 이씨」 부분

최고급 아파트는 이 씨처럼 평생을 걸어도 그 아파트에 결코 살 수 없는 자들의 손으로부터 빚어진다는 현실의 아이러니. 균열적인 사회에서 '우리가 선 자리는 어디일까' 하고 질문하는 시인의 '아프지 않아 이상하다 왜 안 아프지'(「치욕스런 나날들」) 라는 반응은 그래서 더욱 '아프게' 파고든다.

시인에게 '사는 것' 이란, 특히나 시인이 같은 입장으로 표명하는 서민들에게 '사는 것' 이란 '특수훈련' 과 같은 것이다. (「특수훈련」) '생(生)' 이 '사는 것' 이라고 표현될 때, 이는 분명 다른 어감을 선사한다. 생존의 극단까지 내동댕이쳐진 자들의 감정을 스펙터클화하지 않고 다루되, 이들의 처연한 감각 그 자체를 살려내는 표현, '사는 것' . '삶' 이 '것' 으로 표상되면 자칫 삶 자체를 물화시켜 버리는 것은 아닌지 기우가 들 수도 있겠다. 하지만 '사는' 이라는 형용사로 '것' 을 연결 지은 '사는 것' 이란 표현은, '살아있음' 자체가 어떤 특성으로 남을 수 있는, 때문에 끈질기게 지속될 수 있음을 증명하는 일일 수 있다. 이 때, 우리들의 '사는 것' 은 끔찍함을 끌어오는 지속성에 해당하는 것이 아니라, 자식들을 날마다 새로이 키우는 데에 자부심을 느끼는 아비의 심정처럼(「아비」) 날마다 새로운 의미를, 더 나은 내일을 위한 변화를 키워 갈 지속성에 해당하는 것이리라. 박광배는 삶의 비애를, 비애에 대하여 더 말함으로써 향기롭게 키울 수 있는 시인이다. 이는 양선의 시에서도 읽을 수 있는 모습이다.

눈물 없이 울어 본 적 있는가
눈은 쌓이지 않고
소리만 조금씩 흐느낀 적 있는가
……(중략)……
왜 눈 오는 밤은 이리 고요할까
세상은 잠들고
혼자 잠 못 든 누군가를 위해
천천히 울며
헤매 본 일 있는가

— 양선, 「눈 오는 밤」 부분

양선이 '생각하고 생각하고 생각만 하므로 사람들은 마음 놓고 나를 버린다' 며 박쥐의 애매함이 빚는 슬픔을 고백하고 (「박쥐」), 몇 십 년 전 복권을 샀던 자신의 모습과 그 때의 모습과 하나도 다를 바 없이 여전히 인생 역전을 기대하는 저 자신의 순진함을 고백할 때 (「진술서」), 삶은 마냥 비켜갈 수 없는 비애로 가득 차 있으므로 절망만이 우리가 택할 수 있는 마지막 감정인가 싶기도 하다. 하지만 시인은 「눈 오는 밤」이라는 시 한 편으로 그 비애적 감정이 숱한 '나'와 '나'와 '나', 바꾸어 말하면 숱한 '당신'과 '당신'과 '당신'의 자리를 발의하고 있음을 일러주지 않는가. 위의 시에서, 눈이 쌓이는 형상은 눈물 없이 우는 모습과 비유된다. 이 때 우리는 침묵 속에서 눈물을 삼켜야 하는 세상의 숱한 존재들에 대해 생각할 수 있다. 애매한 입장의 난감함이 전하는 슬픔이나 순진함 때문에 뒤집어 써야 하는 슬픔은 비단 내게만 주어진 몫이 아니다. 쌓이지 않고 금방 녹아버려서 내리고 있는 그 상황 자체가 아니고서야 존재의 유무를 확인할 길이 없는 눈이 소리를 조금씩 내면서 내릴 때, 흐느끼며 우는 상황이 아니고서야 저 자신의 존재를 드러낼 수 없는 자들을 떠올리는 시적 상황을 보라. 눈이 내리는 상황을 향한 시인의 시선이 응축될수록, 슬픔은 확산된다. 감정의 확산은 거기에 연루된 숱한 존재들을 떠올리게 하는 것이다. '나'와 '당신'이 어떻게 함께 있는가는 무용한 것 같은 미세한 사물에서, 미미한 풍경에서 읽을 수 있다. 마치 아래 김민식의 시에서처럼.

미역국에 건진 조갯살 한 점 달짝히 씹는데

어머니 날랜 호미질이 배창시 깊숙이 헤빈다

갯벌 다 헤집었을 호미질에 안녕 못 할 어머니 생각에

복통으로 밤을 설친다.

— 김민식, 「조갯살 한 점」 전문

조갯살 하나에 어머니의 얼굴과 어머니의 노동, 어머니의 몸과 어머니의 나를 향한 애정이 모두 담겨 있다. 가장 미시적인 것에서 가장 거대한 세계가 읽히는 것이다. 이는 시인의 시선이 조갯살로 초점화될수록, 시인이 취해야 하는 윤리적 행위(이 시의 경우는 '복통'으로 제시되는데, 이는 나와 관계된 자들을 떠올릴 때마다 뜬눈으로 밤을 지새울 정도로 헤아릴 사람과 상황이 많음을 일러주는 통증으로 이해해도 무방할 것 같다)와 시인의 예민한 감각으로 환기되는 세계를 대하는 태도가 두드러지는 것이라 할 수 있다. 어머니의 노동이 담긴 조갯살을 삼킨 '나'의 몸은 어머니의 역사까지도 체현한다. 이처럼 세계가 한 명의 사람, 하나의 사물, 한 번의 상황 속에도 깊숙이 들어앉아 있음을 이해하게 되면, 그 어떤 삶의 비애에 대해서도 쉽게 절망할 수 없고, 혹여 절망한다 하더라도 그 절망에 깊이 파고들어감으로써 함부로 좌시하지 말아야 할 상황들과 끝없이 대면하는 일의 중요함을 깨달을 수 있다. 그 때, 우리는 '여기-이상'의 세계에 대해 꿈꿀 수 있는 가능성 역시 타진할 수 있게 되는 것이다.

여기로부터 '여기—이상'에게 : 함께 꾸는 꿈의 가능성

'나'와 '당신'이 함께하는 자세를 고민한다는 것은 곧 '당신'과 '나'의 지금보다 더 나은 이상(理想)을 꿈꾼다는 뜻이다. 〈거와미〉의 어떤 언어들은 바로 지금 여기를 그리면서 끝없이 '여기-이상(以上)'을 향해 팽창해나간다. 지금에 대하여 '더' 말하면서 이상(理想)에 닿고자 노력하는 그 몸짓은 극한으로 발산하는 행위다. 조영여의 시가 특히 그러하다.

지지 않고 뿌리 묻지 않고
어찌 제 빛깔의 꽃을 피울 수 있나요?

오늘은 내 안에 버렸던 것들을 불러
미안하다고 말하마 사랑한다고 말하마
세상의 손가락질이 두려워 너를 가둔 세월이여

피어라 꽃이여,
너 이제 어둠 속 빛이 되어라

— 조영여, 「피어라 꽃이여」 부분

조영여의 시 속 존재들은 자신들이 얼마나 큰 폭발력을 가지고 있는지 현재로서는 잘 '모른다'. 들풀은 스스로의 당당함과 신명남과 아름다움을 아직 모르고(「들풀이 들풀에게」) 어떤 이는 화전민처럼 떠돌다가도 언젠가 만나야 할 이들을 만나게 될 수도 있다는 사실을 아직 모른다(「꿈」). '아직' 에 주목해보자. 아직은 모르지만, 언젠가는 지금의 모호함이 가능성으로 발할 날이 올 수 있을 것이라는 믿음이 실린다. 그것이 어둠 속에서도, '죽은 나무' 에도 꽃이 피는 이유다. 지금의 '지고 있음' 과 '뿌리' 를 땅 밑으로 단단히 여미는 행위는 결국 무언가를 가두기 위해서 치르는 수순이 아니라 '피어라 꽃이여' 라고 당당히 선언하기 위한 수순임을. 그래서 '언젠가는 닿을 날이 오리라' 고 믿었던 우리의 신화는, 이상(理想)을 위한 실천이 우리의 운명임을 받아들이게 한다. 특히나 우리가 '버렸다' 고 여기는 시간, 태초에 우리가 순환적인 질서를 설계했던 원천적 시간으로의 희구는 이후 가닿을 이상적 삶이 단지 허무맹랑한 데에 있지 않고 원형적 심상으로 우리 안에 이미 있음을 알린다. (「꿈」) 원형적 시간을 재구성하는 몸짓은 전용욱의 시에서도 읽어낼 수 있다.

창문은 진작 닫았는데
자꾸만 드나드는 바람

— 전용욱, 「경산댁」 부분

경산댁은 환절기 바람이 지나가는 담티고개, 달빛이 스며드는 감나무가 있는 마당을 통해 환유적으로만 인식할 수 있다. 하지만 우리는 알고 있다. 경산댁이 추위 속에서도 걸어갔을 그 고개를 통해 느껴지는 고난의 삶, 경산댁이 감나무를 돌볼 때마다 느꼈을 구체적인 삶의 흐름, 그리고 경산댁의 마음 한 구석에 느닷없이 '자꾸만 드나드는 바람' . 경산댁의 얘기라고는 했지만 이는 전형적인 아낙의 삶을 떠올리게 한다. 어느새 아낙들이 먹이고 살린 새끼된 우리들의 마음 한 구석에도 바람이 드나든다. 전용욱의 시에선 경산댁의 얘기뿐만이 아니라 봄날 소풍 가던 길에 종아리를 절뚝이며 꽃을 따라 가는 선생님의 모습(「봄날」), 명절만 되면 가난 때문에 싸움 잘 날이 없던 가족의 모습(「추석」)으로 기억도 가물가물할 것만 같은 과거가 복구된다. 옛 기억을 자꾸 불러내는 것은, 지금 우리가 과거에 대해 이야기할 것들이 아직 너무나도 많이 있기 때문일 것이다. 그리고 자꾸 불러낼 얼굴들이 있어서 일 것이다.

주룩, 주룩, 흐르는 비에 노래를 넣어

가는 발걸음 소리를 듣고 있나요
살아있어요
그대

— 김남기, 「노래」 부분

김남기의 시는 지금은 부재하지만, 우리가 기억해야할 존재들을 불러낸다. 비가 주룩주룩 내릴 때, 그것은 누군가의 눈물 소리처럼 들린다. 시인의 시선은 그 소리를 따라갈 때 비로소 '유랑 걸식하는 사람'의 얼굴을 그려낼 수 있다고 말한다. 고즈넉한 풍경에도 감정이 실리고, 그 감정이 누군가와 공명하게 만들며, 그 누군가의 얼굴을 구체적으로 그려나가게 될 때 현재의 '나'와 '그대'는 진정으로 살아있는 삶을 구성해낼 수 있다. 모두가 멀다고 여기는 곳에 있기 때문에 아무도 보지 않으려한 '돌을 차고 다니던 아이'를 기억해내고 (「돌을 차고 다니던 그 아이」), 어떤 걸사의 두서없는 말들을 옮겨 적으며 그 흩어진 말들 속에 그가 원하고 바라는 얼굴이 어떤 얼굴인지 전부 묻어나고 있음을 이해하는 (「나비의 꿈」) 시편들은 현실에서 가시화되지 못했던 자들을 끊임없이 현시하게 만드는 위력을 만든다. 이는 어쩌면 서정이 잃어버린 기능을 복구하는 방식일지도 모른다. 상실한 줄만 알았던 원천적인 이미지들은 이미 우리 안에 있었고, 그것에 대하여 '더' 노래해야만 이상적인 내일에 가닿을 수 있는 원동력을 얻을 수 있는 것이다. 그럴 때, 삶은 '푹푹 거리며 잘도 사는' 것이 된다. (「할머니와 귀신과 엄마」) 그럴 때, 삶은, 지금의 슬픔조차도 내일이라는 희망을 일구는 과정이 된다. 이화숙의 시를 보자.

> 아무 말 하지 않는 게 낫겠다
> 그들의 빛으로 만든 손가락을 이해하지 못할 테니,
>
> 지상에 편안한 방 한 칸 지닌 이들의 자유로운 휴일
> 추억이 되지 못할 비밀조차 아프지 않게 이야기하는
> 남자의 얼굴 위로 봄 햇살,
>
> — 이화숙, 「빛으로 만든 손가락」 부분

일을 하는 중에 다쳤을 것이 틀림이 없지만, 정작 그 자신의 아픔을 아픔으로만 설명하려 들지 않는 한 노동자와의 만남 속에서 시인은 '햇살' 을 느낀다. 「빛으로 만든 손가락」은 마치 빛을 조각해서 얻어낸 하나의 사진을 들여다보는 것 같다. 이때 사진은 과거의 한 장면을 고정적으로 묶어두려는 공간이 아닌 누군가의 삶의 현장이 생생하게 기록되는 살아있는 공간이 된다. 슬픔을 피하지도, 과장하지도 않고 포착해내는 이화숙의 시는, 경제적인 사정에 의해 도장을 만들게 된 상황에서도 그 도장을 만들어 환하게 내미는 노인의 표정에서 '위로' 를 얻고 (「한 그루의 위로」) 할머니와 살고 있는 아이가 '벽과 벽 사이에서 생각의 끈이 날마다

자라나듯이' 성장해가고, 힘든 상황 속에서도 '아침' 을 맞이하고 있는 모습을 통해 희망을 발견한다. (「소리」) '날이 밝으면', '이 집의 아침', '일요일 오후' 등 시적 상황의 시간적인 배경을 예상할 수 있는 시구들이 그래서 예사롭지 않게 느껴진다. 눈물겨운 지금을 통과해서 언젠가는 당도할, 여기-이상에 관한 꿈, '나' 와 '당신' 이 만들어갈 세계. 우리는 함께 꾸는 꿈의 가능성에 대해서 타진할 수 있을 것이다. 김병호의 다음 시에서는 '함께' 라는 말의 구체적인 형상이 드러난다.

> 나를 한 장의 사진으로 오해한 그가 스스로 동떨어진 사건이라고 위로한 계절 동안 세상에는 아무것도 없었기에 그는 관계이고 나는 변화이다
>
> 그와 내가 함께 있으면 우주이고 그에게서 나를 덜어내면 처음이다
>
> — 김병호, 「이야기의 역사2」 부분

우리가 서로를 소외시킬 때, 세상에는 '아무것도 없다'. 하지만 '그' 와 '내' 가 함께 있을 때, 우리는 충분히 하나의 우주를 만들어갈 수 있을 것이다. '그' 에게서 '나' 를 덜어내면 처음이므로, '나' 와 '그' 는 서로를 덜어내지 않는 '이야기의 역사' 를 만들어내야 한다. 그리고 그때의 방식은 수

직을 선호하는 방식이 아닌 수평으로 서로를 읽어낼 수 있는 방식이어야 할 것이다. (「세탁소를 지나다」) 이전과는 다른 질서인 수평으로 읽는 방식은 우리들이 세계를 바꿔낼 수 있는 주문(呪文)이 될 것이다.

'희망'을 더 말할 때, 우리는

나는 앞서서 〈거미〉의 시들은 희망의 증거를 점치기 위한 운동 과정이라고 표현한 바 있다. 그렇다면 이들의 세계는 응축되면서도 무한대로 뻗어나갈 줄 알고, 무한대로 갈 때 허투루 가는 것이 아니라 단단한 형태로 나아가는 모습이라고 할 수 있을 것이다.

하나의 사물 안에도 거대한 풍경의 질서가 담겨 있고, 거대한 이상의 출발은 소박한 여기로부터 만들어진다. 〈거미〉 동인들의 시는 너무나도 평범한, 하지만 평범하기에 잊기 쉬운 그 사실을 전한다. 그들의 방식대로라면 우리는 지속되는 현실의 끔찍함을 두려워하기 보다는 그와 마주할 줄 알아야 한다. 문제는 변화 없이 지속되는 세계의 끔찍함이 아니라, 그를 습관으로 내재화하는 태도에 있다. 절망하더라도, 그 절망을 어떻게 매만질 것인지가 중요하다.

길들여지고 어느샌가 무뎌진 우리의 감각에 계속해서 의문을 부칠 것, '더' 잘 들여다 볼 것. 마치 카메라로 사진을

찍을 때 줌 - 인(zoom-in)을 하면 낯익던 사물도 낯설어지고, 줌 - 아웃(zoom-out)을 하면 놓쳤던 장면을 다시 담을 수 있듯이, 다양한 각도와 다양한 거리에 따라 지금에 대한 다른 풍경들이 계속해서 빚어질 수 있기 때문에 언제나 충실하게, 깊이 있는 시선을 가져야 함을 떠올릴 것, 하여 지금에 대해 더욱 더 적극적으로 이야기 할 것. 이 같은 태도를 취할 때 우리는 비로소 희망에 대해서도 입체적으로 말할 수 있다. 아직은 말해야할 것이 너무나도 많지 않은가. 시가 여전히 쓰이고 읽혀야 하는 이유다.

희망에 대해 집요하게 '더' 말하기, 그것은 '반복'이 아니라 반복 속에 '변화'를 이끌어 오는 것이다. '더' 말할 때, 시는 보고된 말(reported-narrative)을 넘어선 삶에의 치열한 증언이 될 수 있을 것이다.